R. HURSON

ÉTUDE

SUR

UNE RÉORGANISATION

DU

NOTARIAT EN FRANCE

Prix : 2 francs.

PARIS
LIBRAIRIE MARESCQ AINÉ
A. CHEVALIER-MARESCQ & Cie, ÉDITEURS
20, RUE SOUFFLOT, 20

1894

ERRATA

Page 72, 2e ligne. Au lieu de « notamment *celles* de celui qui écrit ces lignes », lire « notamment *celle* de celui qui... ».

Page 94, 15e ligne. Au lieu de « *contenant* un grand nombre de membres », lire « *comprenant* un grand nombre .. ».

Page 109, 9e ligne. Au lieu de « *pour* réciprocité », lire « *par* réciprocité ».

ÉTUDE

SUR UNE RÉORGANISATION

DU

NOTARIAT EN FRANCE

R. HURSON

ÉTUDE

SUR

UNE RÉORGANISATION

DU

NOTARIAT EN FRANCE

PARIS
LIBRAIRIE MARESCQ AINÉ
A. CHEVALIER-MARESCQ & Cie, ÉDITEURS
20, RUE SOUFFLOT, 20

1894

ÉTUDE

SUR

UNE RÉORGANISATION

DU

NOTARIAT EN FRANCE

AVANT-PROPOS

Une des réformes sociales les plus urgentes qui s'imposent à nos législateurs est, sans contredit, celle concernant la législation actuelle du Notariat.

Il est vrai que beaucoup de bons esprits considèrent que point n'est besoin de parler de réformes, et que de simples modifications à l'état de choses actuel suffisent amplement; que la machine peut et doit continuer à marcher comme par le passé et que c'est tant pis pour ceux qui sont et seront broyés entre ses rouages.

N'a-t-on pas vu des Chambres s'insurger presque contre les décrets de 1890 ? Comme si ces protestations avaient pu avoir un côté utile ou pratique en face du parti pris des Pouvoirs publics, de faire hâtivement quelque chose, bon ou mauvais.

Non pas que nous approuvions les décrets; mais nous croyons utile de prévenir dès maintenant ceux qui nous feront l'honneur de lire ce petit travail, que les réformes que nous demandons vont être certainement désapprouvées, et considérées comme inutiles et dangereuses par beaucoup de bons esprits qui considèrent que la loi de Ventôse est une Arche sainte à laquelle on ne peut et on ne doit pas toucher.

Et pour preuve, nous nous souvenons qu'il y a quelques années, l'auteur de ces lignes, frappé, comme tout le monde du reste, de la position précaire où se trouve le Notariat à l'heure actuelle, écrivit au Directeur d'un des meilleurs recueils du Notariat pour lui demander s'il voudrait accepter quelques articles ayant pour objet une étude traitant des questions notariales.

Il lui fut répondu :

« Qu'en principe, on ne refusait pas ces articles, mais « qu'on se réservait le droit de les corriger, parce que, « disait-on, en face du mauvais vouloir des Pouvoirs « publics envers le Notariat, il ne faut toucher qu'avec « beaucoup de circonspection à ces questions, de peur « d'amener une réforme radicale qui serait encore plus « préjudiciable au Notariat que ce qui existe actuelle- « ment. »

Cette réponse nous fit ajourner le projet que nous avions conçu ; mais les désastres continuant à assaillir la corporation, et les décrets des 30 janvier et 2 février 1890, étant venus frapper brutalement le Notariat, sans même que celui-ci ait été appelé à donner son avis, nous pensons aujourd'hui qu'il n'y a plus à hésiter et qu'il est du devoir de chaque notaire d'étudier, dans la limite de ses moyens, les principes qui doivent présider à une refonte complète des lois organiques de notre institution.

Il est juste, du reste, de reconnaître que depuis deux ans les esprits semblent s'être modifiés : Les Congrès de Grenoble et de Tours accusent certainement un état de choses dont on était fort loin, il y a quelques années.

Il semble évident, aujourd'hui, que bon nombre de notaires admettent et désirent des réformes profondes : cela se dit encore tout bas ; mais, petit à petit, l'évidence s'imposera d'elle-même et bientôt ces réformes n'auront contre elles que les privilégiés actuels de la profession, *qui ne représentent malheureusement qu'une faible minorité.*

Il y a, à l'heure actuelle, qu'on le veuille ou non, ce qu'on appellerait en politique, une question du Notariat.

La corporation tout entière, qui compte dans son sein tant d'hommes éminents et distingués, ne doit ni ne peut s'en désintéresser. Il faut qu'elle prenne résolument les devants afin d'apporter aux Pouvoirs publics tous les éléments nécessaires à une refonte complète.

Quelques notaires, du reste, qu'on ne saurait trop louer de leur initiative, ont déjà donné le branle : MM[es] Hug, notaire à Vaubecourt (Meuse), et de Saint-Pol, notaire à Nice, ont, en de petites brochures, étudié quelques-unes des questions que soulèvent les réformes que nous demandons.

Nous supplions donc nos confrères et ceux que la question du Notariat peut et doit intéresser de nous lire avec bienveillance et sans parti pris, même si nous sommes en contradiction avec eux, car nous ne sommes guidés, dans ce travail, que par le seul désir d'être utile à notre vieille et chère corporation, qui mérite bien qu'on s'occupe d'elle.

CHAPITRE PREMIER

CONSIDÉRATIONS GÉNÉRALES

NÉCESSITÉ D'UNE RÉFORME

Le Notariat est-il encore actuellement une institution si utile au Pays, qu'il faille assurer son bon fonctionnement ?

La législation actuelle, qui réside presque tout entière dans la loi du 25 Ventôse an XI, est-elle suffisante pour assurer ce bon fonctionnement et répondre aux nouvelles exigences de la vie sociale ?

Ce sont ces deux questions qu'il faut d'abord poser pour en déduire les principes qui doivent prévaloir dans la nouvelle organisation.

Oui, le Notariat est une institution

utile au Pays, et l'un des grands rouages, non des moins nécessaires, de la vie sociale.

Cette affirmation n'a certes pas besoin d'être démontrée, tant l'évidence s'impose d'elle-même.

Mais à la condition expresse que la corporation tout entière ne représente plus les regrettables défaillances qui se sont produites dans son sein depuis plus de trente ans et notamment depuis le krack financier de 1882, et qu'elle rende au Pays les services pour lesquels le Notariat a été créé.

Qu'est-ce donc qu'un Notaire ? Quels services doit-il rendre au Pays ?

La loi de Ventôse répond à la première question :

« Un notaire est un fonctionnaire public établi « pour recevoir tous les actes ou contrats auxquels « les parties doivent ou veulent faire donner le carac- « tère d'authenticité attaché aux actes de l'autorité « publique, pour en assurer la date, en conserver le « dépôt..»

Cette définition, qui était déjà insuffisante lorsque la loi a été édictée, l'est devenue bien davantage depuis que la jurisprudence a étendu considérablement, sans les fixer, du reste, les devoirs professionnels des notaires.

Et, en effet, si les notaires ne devaient être que de simples machines à enregistrer les conventions privées, comme le veut le texte précis de la loi de Ventôse et comme le demandent encore plusieurs organes de la Presse, il n'y aurait vraiment pas grand effort d'imagination à faire pour chercher le meilleur mode d'organisation. Un seul notaire par canton, et dix, peut-être, à Paris, suffiraient amplement pour cette fonction, et encore nous pensons que l'unique notaire du canton n'aura pas dix fois par an l'occasion d'exercer son ministère, en dehors des actes qui ne peuvent être faits qu'en la forme authentique, car peu de personnes connaissent et apprécient les avantages de l'authenticité.

Est-ce à dire pour cela que le rôle du notaire soit inutile dans la société actuelle ?

Non, mille fois non. Nous dirons même que plus la Nation sera instruite et policée, plus le rôle des spécialités en toutes choses aura sa raison d'être ; et le notaire n'est qu'un spécialiste, à proprement parler, en matière de la direction des intérêts de ses clients ; d'où découle forcément pour lui le rôle de Conseil.

Donc, le notaire ne peut et ne doit pas seulement authentiquer les actes.

Son rôle est, en effet, bien plus haut et bien plus considérable ; il est et doit être, d'après tous les commentateurs, *un véritable magistrat*, dans la plus belle acception du mot, de la juridiction volontaire.

C'est donc un homme qui doit être,

sans discussion, tellement investi de la confiance publique, que ses concitoyens viennent devant lui, de leur plein gré, pour débattre et arrêter leurs conventions et régler leurs différends.

Par suite, quelle n'est pas l'importance pour un pays d'avoir un bon ou un mauvais notaire ?

Ne doit-il pas être l'homme officieusement placé par la loi pour éclairer les gens qui viennent le consulter sur leurs conventions privées, rédiger et recevoir ces conventions conformément aux droits et intérêts de chacune des parties, en restant inaccessible à toutes *questions d'intérêts personnels*, rôle, on en conviendra facilement, souvent fort difficile ?

Un bon notaire ne doit-il pas avoir pour préoccupation constante, dans ses rapports journaliers avec sa clientèle, d'empêcher les procès de naître, et pour arriver à ce résultat, qui est certes considérable, ne lui faut-il pas une autorité morale qu'il ne pourra acquérir que s'il possède les qualités de science, de bon sens et de droiture indiscutables, de façon à imposer une confiance absolue et justifiée ?

Nous ajouterons même que lorsqu'on aura réussi à constituer en France une corporation de Notaires, comme nous souhaitons qu'elle le soit, la Réforme de la Procédure sera chose bien plus facile qu'elle ne l'est actuellement.

Et si le notaire rend au pays, au milieu duquel il est placé, les services que nous n'avons fait qu'indiquer très succinctement, n'a-t-il pas droit, en retour, à une juste rémunération de ses peines et soins ? Ne doit-il pas être à l'abri du soupçon injurieux, manifesté devant nous bien souvent, que les notaires volent leurs clients, soupçon qui a pu prendre naissance dans le public, par suite du défaut de tarification légale...

Si le notaire a cette haute importance sociale, il est évident qu'il mérite toute la sollicitude et la bienveillance des Pouvoirs publics, et qu'il est nécessaire, pour en assurer le bon fonctionnement, que la corporation soit fortement constituée, de façon à empêcher les désastres que l'on sait et qui ont été amenés par de nombreuses causes, résultant toutes de l'insuffisance bien souvent constatée des lois organisatrices du Notariat.

Ce sont donc ces causes qu'il s'agit de rechercher, de dénoncer hautement et en toute franchise, puis d'indiquer ensuite sur quels principes devra être édifiée une nouvelle organisation.

Ces causes sont fort nombreuses ; voici les principales :

1° Insuffisance de recrutement.

2° Prix excessif des études.

3° Manque d'autorité des Chambres de discipline.

4° Responsabilité effroyable et profondément arbitraire pesant sur les notaires, surtout en matière de prêts hypothécaires ;

5° Défaut de tarif légal ;

6° Loi sur la prescription des frais d'actes;

7° Abus des actes sous signatures privées, qui causent encore bien plus de préjudices au Bien public qu'aux notaires;

8° Enfin, défaut de contrôle.

Voilà les principales causes vraies de nos désastres, qu'il faut avoir le courage d'énoncer bien haut si on veut y porter un remède efficace.

Il est bien évident que le Notariat ne peut continuer à vivre de la loi de Ventôse et de ses dérivés; il ne faut pas s'entêter à vouloir apporter des modifications de détail qui, nous en avons la conviction, ne porteraient aucun fruit. De là, nécessité absolue de rechercher une organisation du Notariat qui soit plus en rapport avec les exigences de la vie sociale.

On a semblé croire, volontairement ou non, que le Notariat traversait, en ce moment, une crise due surtout, et presque exclusivement, à la conduite irrégulière ou au trop grand luxe de certains notaires, et que, cette cause annulée, le Notariat pourrait revenir à son ancienne splendeur.

C'est là, malheureusement, une utopie, et, partant de ce principe faux dans la généralité des cas, des membres du Parlement et des corps judiciaires, mieux intentionnés qu'inspirés, se sont hâtés, sous le coup de l'émotion produite dans le Pays par les trop nombreux désastres de notaires, de mettre au jour des projets de loi tous plus impraticables les uns que les autres, ou qui, s'ils pouvaient être pratiqués, n'auraient aucune chance de rendre service au pays[1].

(1) Voir projets de loi présentés par : 1° MM. Benjamin et Camille Raspail, députés, 20 octobre 1888 ; 2° De

La plupart de ces projets de loi n'envisagent, du reste, qu'un côté de la question si complexe du Notariat, c'est celui qui consiste à édicter des mesures coercitives sans s'occuper de savoir si le Notariat, à l'heure actuelle, peut vivre honorablement de son travail.

Nous voulons cependant ici faire une exception pour le projet de loi présenté par M. de la Berge, qui, quoique bien timide et insuffisant, est le seul dénotant, de la part de son auteur, des connaissances approfondies de la gravité du mal. L'exposé des motifs en est du reste fort remarquable, et nul doute que le vote de ce projet eût apporté de grandes améliorations à ce qui existe actuellement.

Ces divers projets de loi ont été, il est

Marty, député, 5 décembre 1888 ; 3° de la Berge, député, 5 décembre 1888. — Interpellation Gagon. — Projet de loi Pontois. — Discours de rentrée de M. Flandrin, Procureur général à Alger.

vrai, repoussés; mais pour être repris, tout au moins dans leur esprit, par le Conseil d'Etat, qui ne semble pas jusqu'ici avoir envisagé beaucoup mieux les questions complexes que soulève la réorganisation du Notariat, puisqu'il a semblé croire, en élaborant les décrets des 30 janvier et 2 février 1890, qu'il suffisait de frapper pour enrayer le mal.

Certes, il est pénible de constater qu'un grand pays comme la France s'est laissé distancer, et de beaucoup, par un de ses voisins, bien plus petit que lui comme territoire. En effet, la Belgique, sous la pression de l'opinion publique, vient d'avoir son tarif légal, et ses législateurs sont en train de la doter d'une loi fixant la responsabilité des notaires, tant en matière de prêts hypothécaires qu'en celle concernant les « *Conseils aux parties* » matière cependant bien difficile.

Comme conséquence de ce qui précède, et étant donné que le Notariat est une des grandes institutions utiles au Pays, il y a lieu de rechercher tout d'abord, afin de fixer les bases d'une nouvelle organisation, sous quel régime il doit vivre. C'est-à-dire, doit-il être libre, comme la pharmacie, par exemple, ainsi que l'ont demandé quelques articles de la Presse, heureusement peu nombreux ?

Ou, si bien réglementé, qu'il fonctionnerait avec une régularité parfaite, de façon à faire de chaque notaire, le *Magistrat indiscutable et indiscuté de la juridiction volontaire*, car nous pensons que le notaire doit être surtout un *véritable Magistrat* et non exclusivement un agent d'affaires.

A notre avis, le Notariat ne peut être libre pour les raisons suivantes :

D'abord, à cause de la question budgétaire fort importante, l'Etat étant obligé, s'il voulait décréter la liberté du Notariat, de rembourser, sans compensation aucune, aux titulaires actuels, le prix de leurs charges.

Or, il n'y a aucun doute que nos budgets présents et futurs sont et seront pour longtemps dans l'impossibilité de supporter une semblable charge.

Puis, parce que le Notariat libre ne pourrait créer que des agents d'affaires, caractère que nous ne pouvons admettre à l'Institution, telle que nous la concevons.

Avec le Notariat libre, nous pourrions avoir, au moyen d'examens et de titres universitaires à exiger, des notaires offrant certaines garanties de capacité, mais ce que nous aurions certainement aussi, ce seraient des agents d'affaires sans moralité ni caractère, qui pousseraient dans chaque pays comme des champignons, cumulant les occupations notariales avec toutes autres, se faisant une guerre acharnée entre eux, et cela aux dépens de leurs clients, car il ne faut pas perdre de vue que si la concurrence est bonne et nécessaire dans le commerce, elle est, dans le Notariat, absolument néfaste et contraire aux vrais intérêts du Public.

De plus, comme aucun tarif officiel ni responsabilité personnelle ne pourraient être imposés à ces notaires libres, en raison même de cette liberté dans laquelle ils vivraient, il est hors de doute qu'ils prélèveraient, toutes les fois que cela leur serait possible, des salaires exhorbitants qui ne ressembleraient en rien à ceux si modestes des notaires actuels.

Le public aurait donc à souffrir moralement et pécuniairement de cet état de choses, comme il en souffre déjà, inconsciemment il est vrai, par suite des nombreux agents d'affaires qui se sont implantés dans les villes et dans les campagnes ; de plus, le Notariat libre aurait le grave inconvénient de porter un préjudice énorme au Trésor public en multipliant, dans des proportions considérables, les actes sous signatures privées, qui ne subissent, dans le plus grand nombre de cas, aucune formalité.

Si nous considérons que le Notariat ne peut être libre comme certaines professions libérales, il nous reste à nous occuper du Notariat réglementé, tel que nous le concevons.

La nouvelle organisation doit tenir dans ces trois mots :

Recrutement. — Fonctionnement intérieur. — Contrôle.

Nous allons donc établir, sous ces trois divisions, les modifications qui semblent devoir être apportées à l'état de choses actuel.

CHAPITRE II

DU RECRUTEMENT

Le Recrutement du Notariat comprend deux réformes principales qui se lient intimement et qui sont :

Le mode d'accession aux fonctions de Notaire;

Et la transmission des offices.

I

DU MODE D'ACCESSION AUX FONCTIONS DE NOTAIRE

Lorsqu'on réfléchit sur le mode actuel d'accession aux fonctions de notaire, on reste frappé du peu de garanties que peuvent, s'ils le veulent, offrir les candidats.

Bien plus, la chancellerie refuse d'homologuer les règlements intérieurs, qui portent que le grade de *premier clerc* ne pourra être conféré qu'après examen, ce qui est presque une prime donnée à l'incapacité.

Malgré cette interdiction, bon nombre de Compagnies, surtout parmi celles qui comptent un grand nombre de membres, font passer un examen sérieux aux candidats, et n'autorisent l'inscription de premier clerc dans une étude de leur ressort qu'après la passation de cet examen (*Tours, Angers, etc., etc.*).

Mais cet usage n'est encore que l'exception, et il est, suivant ce que nous venons de dire, illégal au premier chef [1].

Il est donc absolument nécessaire d'élever le niveau des études à exiger pour les fonctions notariales.

---

(1) Voir circulaire du Ministère de la Justice du 1er mars 1890.

Y a-t-il, du reste, une profession qui exige un ensemble de qualités plus considérable que celle de Notaire?

En effet, sous peine de perdre complètement la confiance de ses clients, de voir péricliter son étude et même d'encourir à chaque instant des responsabilités effroyables, un notaire doit joindre à la science complète du droit et des affaires qu'il doit forcément posséder, un jugement droit et rapide, un caractère ferme et bienveillant, une grande assiduité au travail et une vie absolument correcte, à l'abri de tous reproches, sans parler de la probité la plus absolue qui doit présider à tous ses actes.

Et c'est la profession qui exige ces qualités multiples pour laquelle on se contente d'un stage souvent illusoire.

Toutes les professions libérales ont élevé considérablement, depuis un demi-siècle, le niveau de leurs études; seul, le

Notariat est resté à peu près immuable.

Il est facile de remédier à un aussi fâcheux état de choses ; il suffit d'organiser un enseignement complet du Notariat par Faculté, et, comme sanction de cet enseignement, exiger l'obtention d'un diplôme aux fonctions de notaire, qui serait conféré après examen. Ces examens devraient être semestriels ou annuels et progressifs, car la méthode qui consiste à faire passer un seul examen à la fin des études est mauvaise et ne peut que donner de mauvais résultats.

Les titulaires des grades de licencié et de docteur en droit n'en seraient pas exempts : ils jouiraient simplement d'un avantage de points.

Pour être admis aux examens, il faudrait, bien entendu, posséder une inscription dans une étude de notaire, de façon à ce que l'instruction théorique marche de pair avec *l'instruction et l'éducation* professionnelles. La matière des examens serait fixée par le Ministre.

Puis, au-dessus de cet enseignement de Faculté, une Ecole Normale ou Institut aurait pour mission de créer les Professeurs.

Contrairement à ce qui existe actuellement, tout aspirant au Notariat devrait être reçu notaire et non pas seulement premier clerc avant d'être admis à traiter d'une *étude*. En attendant son entrée en exercice, le jeune homme possédant le titre de notaire ne pourrait remplir aucune fonction se rattachant au commerce et à l'industrie, mais il pourrait être employé dans les greffes, études d'avoués, cabinets d'avocats, parquets des Procureurs, se faire inscrire à un barreau s'il est avocat, etc..., en un mot, s'employer à tous les travaux qui, de près ou de loin, tiennent à la grande famille judiciaire.

Il ferait partie, à un titre qui reste à déterminer, des Compagnies de notaires et assisterait, à ce titre, aux assemblées générales des Compagnies, mais il ne pourrait faire partie des Chambres.

Nous voudrions même qu'il pût recevoir officiellement la direction d'une étude avec délégation de la signature du notaire qu'il remplacerait, et sous la responsabilité de ce dernier. Il pourrait être commis par le Parquet aux vacances des études qui se trouveraient dans cette situation, soit par suite de décès, soit pour toute autre cause, et notamment pour celles dont les titulaires seraient appelés à faire leur période d'instruction militaire, etc.

Nous n'avons pas à indiquer ici, dans tous ses détails, ce qu'il y aurait à faire pour constituer ce nouvel état de choses ; cette tâche sortirait des limites que nous nous sommes imposées.

. . . .

Les Commissions d'examens siégeraient au chef-lieu de la Cour d'Appel et devraient être composés à peu près de la manière suivante :

Le Procureur général ou son délégué;

Le Doyen de la Faculté de droit ou son délégué;

Les Présidents des Chambres de discipline ressortissant de la Cour d'Appel où siégeraient les Commissions;

Enfin, un employé supérieur de l'Enregistrement délégué par le Ministre.

Les sessions d'examens auraient lieu à des époques fixes, mais au moins deux fois par an.

On remarquera que nous ne demandons la production d'aucun titre universitaire.

En effet, nous pensons que le candidat qui aura passé avec succès ses quatre ou huit examens devant une Commission composée de la façon que nous venons d'indiquer, offrira certainement des garanties absolument sérieuses d'instruction notariale théorique et pratique, et même *d'éducation notariale.*

Par suite de la composition mixte que nous demandons pour les Commissions d'examens, nous craignons bien que bon nombre de nos confrères ne rejettent de fort loin cette Réforme.

Nous le regrettons profondément, car nous avons la conviction que le Notariat, qui se lie intimement aux intérêts privés de la Nation, ne peut continuer à être seul juge de son recrutement.

Toutes les questions d'Enseignement commencent, du reste, à intéresser le monde Notarial et Judiciaire.

De louables efforts sont faits, en ce moment, pour créer cet enseignement.

Les uns, comme nous, ainsi qu'on a pu le voir plus haut, le voudraient par Faculté; les autres, et ce sont les plus nombreux, voudraient qu'il fût donné au moyen d'Ecoles spéciales.

Le Promoteur de ce mouvement, dans ces temps derniers, est un Conseiller fort distingué de la Cour de Bordeaux, M. Dupont, qui a tracé tout un programme dans une brochure publiée récemment[1]. Réussira-t-il ? Peut-être ; mais, dans tous les cas, l'important est qu'un Enseignement soit créé, soit par Faculté, soit au moyen d'Ecoles spéciales. Il y aurait lieu aussi de régler, avec des formes législatives, les différents modes de cléricature, afin que le recrutement des clercs ne soit pas impossible dans les villes autres que celles qui sont sièges de facultés et dans les campagnes.

II

DE LA TRANSMISSION DES OFFICES

Avant de traiter cette question, nous rappellerons brièvement sous quelle lé-

(1) Larose et Forcel, éditeurs.

gislation se trouvent actuellement les transmissions d'offices.

Un Édit du 23 mars 1672 établit l'hérédité des offices de notaire, et un autre du 3 décembre 1743 accorda aux titulaires le droit de disposer de leurs offices comme bon leur semblerait, mais en ayant soin de réserver au souverain l'investiture des charges.

Cette législation était donc à peu près la même que celle actuelle ; elle ne tarda pas, probablement, à donner lieu aux mêmes abus que ceux que nous constatons aujourd'hui en ce qui concerne le prix des études, puisque plusieurs édits et ordonnances, ceux de février 1771, octobre 1781 et janvier 1782, furent rendus pour prévenir toute exagération dans les prix de cession des offices, fixèrent le cours au-delà duquel il était défendu de rien stipuler directement ou indirectement.

Cette législation subsista jusqu'au décret du 29 janvier 1791, qui abolit purement et simplement la vénalité des offices, et un autre décret du 24 avril 1793 ordonna la conversion, au profit de chaque titulaire, du prix de son office en une inscription de rente sur le Grand Livre de la Dette publique.

Ainsi, la Révolution elle même n'avait pas osé abolir la vénalité des charges sans indemniser les titulaires.

La gratuité des charges continua d'exister jusqu'à la loi du 28 avril 1816. — Pendant cette période, les notaires étaient nommés au concours. Ce système, qui présentait certains inconvénients, était cependant assurément préférable au système actuel.

La loi des finances du 28 avril 1816 (art. 91), permit à certains fonctionnaires publics, au nombre desquels étaient les notaires, de *présenter à l'agrément du souverain, des successeurs.*

Ce droit, qui admettait implicitement qu'il pouvait être stipulé un prix, était ainsi concédé sans établir, d'une façon absolue, la vénalité des offices, comme compensation du supplément de cautionnement que la loi de 1816 exigeait des officiers ministériels.

Depuis, le droit de présentation pour les notaires a toujours existé, et la possession des offices par leurs titulaires a été admise sans contestation possible (*Lettre du Ministre de la Justice, du 26 mars 1856*).

C'est donc ce seul droit de présentation qui, de même que sous la législation antérieure à 1791, a permis l'exagération progressive du prix des charges, et contre laquelle on ne saurait trop protester et réagir, car elle est, nous le croyons, l'une des principales causes de toutes les déconfitures notariales.

Mais, comment se fait-il que les prix des charges qui, en 1816, étaient assez modestes, se soient accrus constamment dans des proportions qui ne sont pas en rapport avec l'augmentation de la Fortune publique.

Par une raison simple, qui n'est que la conséquence du principe faux, selon nous, sur lequel on s'appuie pour déterminer le prix des charges, et qui consiste à prendre pour base *le produit moyen des cinq dernières années.*

C'est là, comme nous venons de le dire, un principe absolument faux et qui, à lui seul, est la principale cause de nos désastres financiers.

Réfléchissons donc un peu à ce qui se passe journellement dans la pratique.

Voilà un notaire qui pourra vendre son étude d'autant plus cher qu'il aura encaissé plus de bénéfices pendant cinq ans, soit parce qu'il aura eu la chance d'avoir de magnifiques affaires, soit, ce qui est le plus fréquent, parce qu'il est, ce que l'on nomme en langage usuel, un coureur d'affaires.

Un pareil principe n'est-il pas une absurdité? Et n'équivaut-il pas à donner une prime réelle, non pas à la capacité professionnelle ni à l'intégrité du caractère, mais bien à l'intrigue et à la multiplicité des actes?

Une étude n'est pas et *ne doit pas être une maison de commerce*; par suite, la fortune personnelle d'un notaire ne devrait jamais se trouver augmentée de la différence entre le prix d'acquisition de son étude et le prix de cession.

Voilà un jeune homme qui traite d'une étude ayant un produit moyen nullement en rapport avec la richesse du pays et la densité de la population (le cas est malheureusement fréquent); comment fera-t-il, à son tour, pour ne pas laisser baisser ses produits? Tout simplement en suivant les mêmes errements que son prédécesseur et en faisant toutes les affaires qui se présentent à lui, bonnes ou mauvaises.

Mais alors, une fois entré dans cette voie, il n'y a pas à s'arrêter, et comme, forcément, cette course folle ne pourra être toujours continuée impunément, il arrivera à ce notaire des pertes plus ou moins considérables qui amèneront fatalement son déshonneur et sa déconfiture, s'il n'a pas une fortune personnelle suffisante pour réparer ses pertes d'étude.

Ce tableau n'est nullement chargé et démontre la fausseté du principe sur lequel reposent aujourd'hui les transmissions d'offices.

Nous pourrions donc, à la rigueur, déduire de ce qui précède le principe contraire :

« Que plus le produit d'une étude s'est élevé, pen-
« dant les cinq dernières années, plus on doit craindre
« qu'il ne baisse pendant les suivantes, si le titulaire

« de l'étude se contente d'exercer ses fonctions comme
« il le doit, c'est-à-dire sans courir les affaires. »

Pour remédier à ce fâcheux état de choses, il faut ou abolir la vénalité des offices, ce qui serait la meilleure solution, selon nous, si l'État pouvait s'imposer un semblable sacrifice sans faire de nous des fonctionnaires; ou ramener la valeur des offices à un prix maximum qui ne pourrait jamais être dépassé, soit au grand jour, soit subrepticement, au moyen de pots-de-vin.

Examinons donc ces deux moyens :

I. — Par le premier, l'État rembourserait aux titulaires actuels le prix de leurs charges, et ceux-ci n'auraient plus le droit de présentation.

Dans sa brochure, Me Hug, notaire à Vaubecourt, que nous avons cité plus haut, se déclare partisan de ce système et présente le projet de loi suivant, que nous transcrivons littéralement :

« 1° La loi du 28 avril 1816 serait rapportée, c'est-« à-dire que les Notaires n'auraient plus le droit de « présenter leur successeur, ni, par conséquent, la « faculté de céder leur office, soit à titre onéreux, « soit à titre gratuit.

« 2° Les Notaires actuellement en exercice seraient « indemnisés de la valeur de leur office en raison « du produit actuel, d'après la moyenne des cinq der-« nières années.

« 3° Cette indemnité serait payée en obligations « 5 %, au capital nominal de 500 francs, rembour-« sables, par tirage au sort, dans le délai maximum « de 99 ans.

« 4° Le remboursement de ces obligations et le « paiement des intérêts seraient assurés au moyen « d'un versement annuel par chaque corporation « d'arrondissement, prélevé sur les ressources de la « bourse commune.

« 5° Ce versement se composerait invariablement « jusqu'à amortissement complet :

« De la somme nécessaire à payer les intérêts « annuels à 5 % du prix total du rachat des études « de l'arrondissement ;

« Et d'une prime d'amortissement qui ne pourra « être supérieure à un pour mille du même prix de « rachat.

« 6° Le service de remboursement de ces obliga-« tions serait organisé à Paris et aurait à sa tête des « Notaires honoraires.

« 7° Les obligations ainsi créées ne seraient remises « aux Notaires actuels, en titres au porteur, que dans « le délai de cinq ans, à partir de la mise en vigueur « de la nouvelle loi organique, pour ceux des Notaires « qui resteraient en exercice, et dans le délai d'un an « pour ceux qui démissionneraient ou changeraient « d'arrondissement ; jusque-là, ces obligations reste- « raient indisponibles, mais il serait délivré aux « ayants droits un certificat nominatif de jouis- « sance.

« 8° L'admission à la cote officielle de la Bourse « serait demandée.

« Le remboursement de ces obligations et le ser- « vice de leurs intérêts seraient garantis par le Gou- « vernement, qui, en outre, ferait remise gracieuse « de tout droit de timbre et de tout impôt autre que « les droits de mutation. »

Si séduisant que paraisse le système présenté par Me Hug, nous ne pensons pas qu'il puisse être adopté. Il aurait le grave inconvénient de mettre dans la main de l'État dix mille fonctionnaires de plus, et qu'en outre du danger que ceci peut avoir au point de vue démocratique, les notaires ne peuvent pas, à cause de leurs fonctions mêmes, être des fonctionnaires au même titre qu'un percepteur ou qu'un receveur de l'Enregistrement.

Pour s'en convaincre, il n'y a qu'à réfléchir à la patience de tous les instants, quelquefois le jour aussi bien que la nuit, dont le notaire doit être armé pour satisfaire sa clientèle.

Or, si les notaires étaient des fonctionnaires, il se passerait probablement en France ce qui a lieu dans certains pays voisins, où le notaire n'a pour mission que d'authentiquer les conventions; c'est-à-dire que, chez nos voisins, le client doit apporter préalablement au notaire le projet de la convention qu'il désire réaliser, projet qu'il a dû faire rédiger par des agents d'affaires, d'où doubles droits

C'est là un mauvais fonctionnement que nous ne souhaitons point pour le Notariat français.

Dans son projet, Me Hug fixe à 1 ‰ la

prime d'amortissement des obligations.

Est-il bien certain que cette prime soit suffisante ? Nous ne le pensons pas.

Et surtout, comment seraient employés les capitaux que l'on serait obligé de faire fructifier pour produire amortissement ? Ce serait une grosse difficulté. Dans tous les cas, cet amortissement constituerait une charge assez lourde, représentée par la différence entre les intérêts des obligations et l'annuité d'amortissement.

Pour toutes ces raisons, nous croyons le projet ci-dessus peu pratique, quoiqu'il soit très séduisant en théorie.

II. — Avant d'arriver à présenter notre projet, qui consiste à ramener la valeur des offices à un prix maximum, il faut fixer les questions à résoudre, qui sont les suivantes :

A. — Trouver un procédé financier permettant de rembourser aux titulaires actuels la portion du prix de leurs charges, formant la différence entre leurs prix d'acquisition et la valeur qui serait fixée d'après le mode que nous indiquons plus loin.

B. — Déterminer les mesures qui pourraient être utilement employées pour empêcher les dissimulations dans les prix de cessions.

Pour mettre à exécution ces principes, il serait nécessaire de faire fixer le prix *maximum* des études par des commissions spéciales, qui prendraient pour base, non pas toujours les produits moyens actuels, mais, dans certains cas, ceux qui sembleraient pouvoir être obtenus normalement en tenant compte de la richesse du pays et de la densité de la population.

Ces prix maximum devraient être établis de façon que le produit net de la charge en représente l'intérêt à 15 % au moins, déduction faite de tous frais de loyer et d'exploitations d'étude, tels que clercs, chevaux, impôts, etc.

Ces prix pourraient être révisés, sur la demande des titulaires, après avis conforme des Chambres de Discipline.

Tant qu'au procédé financier à employer pour rembourser à chaque titulaire la somme formant la différence entre son prix d'acquisition et celui fixé par la Commission, il consiste à faire opérer, par le Crédit Foncier, les remboursements dont nous venons de parler, moyennant, pendant 60 ans, une annuité qui ne pourrait être supérieure à 4,40 %, amortissement compris.

Les titulaires auraient la faculté soit de demander ce remboursement immédiatement, et ils devraient alors servir l'annuité; soit de ne toucher ce remboursement qu'au moment de la cession de leurs études, et alors l'annuité serait acquittée par le titulaire en exercice.

Le Crédit Foncier aurait un privilège de premier ordre sur les Etudes, c'est-à-dire que la somme qu'il verserait serait gagée, en premier rang, sur la valeur de l'Etude.

L'annuité serait toujours acquittée par le notaire en exercice.

Les privilèges de second ordre qui ont pu être conférés seraient remboursés jusqu'à concurrence sur les sommes fournies par le Crédit Foncier.

Pour mieux faire comprendre ce système, prenons les deux exemples suivants :

I. Paul a acheté une étude 75,000 francs. Le prix en est ramené, par la Commission dont nous venons de parler plus haut, à 40,000 francs, soit une différence de 35,000 francs, que Paul, pour une raison ou une autre, désire toucher immédiatement. Il touche cette somme du Crédit Foncier, à charge, par lui, d'acquitter l'annuité à 4,40 %, soit 1,540 francs jusqu'à la fin de son exercice, époque à laquelle cette annuité passera de droit à la charge de son successeur, qui aura, en outre, à verser à son cédant le prix de la cession, qui ne pourrait être, dans tous les cas, supérieur à 40,000 francs, mais y pourrait être inférieur d'après les principes que nous indiquons plus loin.

II. Dans le second cas, Paul, au contraire, ne touche ce remboursement que lors de la cession de son étude qu'il vend le prix fixé; soit 40,000 francs.

Paul touche donc de son cessionnaire 40,000 fr., et le surplus, soit 35,000 fr. du Crédit Foncier.

Le cessionnaire servira l'annuité de cette dernière somme pendant toute la durée de son exercice, et la passera ensuite à son successeur.

Ainsi, avec cette combinaison, les titulaires actuels ne perdraient rien ou presque rien sur les prix de leurs charges, et les futurs titulaires de ces charges gagneraient réellement une portion du capital représentatif de leur valeur, puisqu'ils ne verseraient jamais cette portion de capital.

Sans doute, bien des questions de détail devront être soigneusement étudiées. Le cadre de cette étude ne nous permet pas de les aborder ici; mais nous pouvons cependant dire que le service des annuités et le remboursement des capitaux devraient toujours avoir lieu par l'intermédiaire des Chambres de Discipline organisées d'après les principes que nous indiquerons plus loin.

Nous ne voyons pas quels inconvénients pourraient résulter de cette combinaison, pratique, croyons-nous, à tous les points de vue. Pour l'appliquer, il suffirait d'une loi spéciale rendant immobilière la valeur des Études et autorisant le Crédit Foncier à faire cette opération, très facile à réaliser pour cet établissement, puisque les capitaux à fournir seraient certainement inférieurs à trois cent millions gagés, en premier rang, sur des valeurs non moins certaines que celles données en garantie pour les prêts immobiliers.

La combinaison ci-dessus aurait encore un avantage sur lequel nous ne voulons pas insister ici, mais que nous voulons cependant indiquer : quelques Notaires actuels peuvent se trouver mal engagés. Nul doute que, s'ils pouvaient toucher immédiatement un certain capital, ce serait pour eux le salut.

. . . .

Il reste à examiner la question de dissimulation dans les prix de cessions.

Pour la résoudre, nous voudrions, sans toucher au droit de propriété qui appartient, sans conteste, aux titulaires actuels, limiter ce droit de propriété, c'est-à-dire que le propriétaire d'une charge ne pourrait en faire la cession que par l'intermédiaire de la Chambre de Discipline, qui devrait accorder un droit de préférence aux notaires soumis à sa juridiction.

Prenons un exemple :

X... désire céder son étude, dont le prix a été fixé par la Commission au chiffre maximum de 40,000 francs.

Il adresse au Président de la Chambre :

1° Sa demande fixant le prix qu'il désire vendre (prix qui ne peut être supérieur à 40,000 francs), mais qui peut être inférieur à ce chiffre dans le cas où l'étude aurait périclité.

2° Et l'état de ses produits pendant un laps de temps à déterminer.

La Chambre qui aura pu, au moyen du contrôle que nous indiquerons plus loin, connaître l'état dans lequel se trouve l'Etude à céder, fixera le prix de cession, après avoir pris l'avis de l'inspecteur ordinaire de cette Etude.

Le Président de la Chambre fait connaître ensuite à tous les notaires de sa juridiction que l'Etude de M. X... est à céder pour le prix de.....

Pendant un délai de..... (un mois par exemple) tous les confrères de M. X... (excepté toutefois ceux de son canton), auraient le droit de se porter cessionnaires.

Si aucune demande ne se produit, le Président laisse libre M. X.... de présenter un cessionnaire, qui ne sera admis à traiter qu'après avoir reçu du Président toutes les explications nécessaires lui permettant de connaître aussi exactement que possible l'état de l'Etude.

Les traités de cessions devraient, du reste, porter non seulement le visa du Président de la Chambre, avant d'être transmis à la Chancellerie, mais encore l'avis motivé de ce dernier sur les conditions de la cession.

Avec le système que nous venons d'indiquer, il semble bien difficile que les dissimulations puissent se faire facilement. Peut-être ne seraient-elles pas empêchées complètement, mais elles ne pourraient, comme maintenant, se répercuter d'une cession sur une autre, ce qui est le but important à atteindre. Elles ne pourraient plus être une cause de ruine pour les jeunes notaires qui sont tous dans l'impossibilité absolue de déterminer, quelquefois avant plusieurs années, le prix auquel aurait dû se faire leur cession, et, par cela même, sont forcés de passer sous les fourches caudines de leurs cédants.

Ce système aura, en outre, l'avantage d'organiser, pour ainsi dire, un avancement possible pour les notaires que le peu de fortune, au début de leur carrière, a forcés de traiter d'une charge peu lucrative ou peu agréable comme résidence ; de plus, il serait un stimulant pour la plupart des notaires, car il va sans dire que les Chambres auraient le droit d'évincer ceux dont la conduite notariale laisserait à désirer.

Nous demanderons, avant de terminer ce chapitre, que toutes les Etudes d'un produit inférieur à 12,000 francs environ soient supprimées.

Ce chiffre de 12,000 francs doit se décomposer comme suit :

1° Intérêts annuels du prix d'acquisition de l'Étude, évalués à 4 %, en supposant qu'une Etude de 12,000 fr. de produit ait coûté 80,000 francs............	3,200 fr.
2° Part contributive de l'Etude dans le loyer des locaux occupés par le notaire et sa famille.	300
3° Frais de clercs et de bureaux...........	2,500
4° Entretien d'un cheval avec voiture, et amortissement	800
5° Pertes annuelles pour intérêts d'avances (Fonds de roulement)........................	500
Ensemble............	7,300 fr.
Le produit de l'Étude étant de............	12,000
Il reste net............	4,700 fr.

avec lesquels le notaire doit couvrir tous ses frais de maison et risques professionnels.

Est-ce trop ?

Nous ne le pensons pas, car cette somme représente à peu près le traitement d'un percepteur de 3e classe qui n'a ni les soucis, ni les responsabilités d'un notaire. De plus, si on ajoute ce produit à l'intérêt à 4 % des fonds engagés dans l'Etude, soit 80,000 francs, on arrive à un produit total de 3,200 + 4,700 = 7,900 ou 9,60 % environ, au lieu de 15 % qui semble admis par la Chancellerie.

Au-dessous du produit de 12,000 francs que nous demandons, un notaire ne peut équilibrer son budget, si économe soit-il, surtout avec la nouvelle organisation, qui entraînera certainement des frais d'Études supérieurs à ceux actuels, et encore s'il a femme et enfants, et s'il veut tenir dignement et modestement le rang que lui assignent ses fonctions dans la société.

Ces suppressions de petites Etudes n'ont rien d'impossible, même dans le pays où la population est peu fortunée et peu dense. Rien n'empêcherait même, pour les cantons où il n'y aurait qu'un seul notaire, d'en désigner un d'un canton limitrophe ayant qualité pour y instrumenter.

Avec le système indiqué plus haut, les suppressions des petites Etudes pourraient se faire bien plus facilement, car la question financière ne serait plus un obstacle insurmontable.

Nous demandons encore la suppression absolue des diverses classes de notaires qui n'ont et n'auront aucune raison d'être, par suite de l'Instruction générale que devront posséder à l'avenir tous les notaires, qu'ils habitent Paris ou la moindre commune de la Lozère.

Du reste, même avec le système actuel, nous ne pensons pas que la classification de la loi de Ventôse puisse encore se justifier autrement que par des motifs d'ordre financier, motifs qui n'auront plus de raison d'être avec le rachat partiel du prix des Etudes que nous venons d'indiquer, et au moyen duquel les notaires de 1re et de 2e classe pourraient être indemnisés de ce nouvel état de choses.

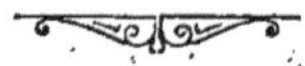

CHAPITRE III

FONCTIONNEMENT INTÉRIEUR
ET CONTROLE

Sous ce titre, nous allons examiner les questions concernant :

1° Le Tarif-légal ;

2° La Responsabilité des Notaires en matière de prêts hypothécaires ;

3° Les Chambres de discipline ;

4° Le Recouvrement des frais d'actes ;

5° Et celle de la Bourse commune.

I

ÉTABLISSEMENT D'UN TARIF LÉGAL

Une des réformes les plus urgentes pour relever moralement le Notariat aux yeux du pays, est certes l'établissement d'un Tarif légal uniforme pour toute la France, ou tout au moins par région.

Le système actuel est on ne peut plus déplorable, et cela est si vrai que lorsqu'il aura disparu, nos successeurs auront peine à comprendre qu'il ait pu fonctionner si longtemps.

En effet, que se passe-t-il dans la pratique? Les Chambres édictent chacune un tarif intérieur obligatoire pour chaque notaire, mais sans cependant que cette obligation puisse avoir une sanction, car la Chancellerie ne laisse passer aucun règlement intérieur contenant une clause obligeant les membres de la Compagnie à respecter le tarif.

De plus, le plus grand nombre de ces tarifs intérieurs ne sont pas acceptés par les Juges taxateurs. De sorte, que dans nombre de cas, si le notaire ne se décide pas à passer sous les fourches caudines de son client et qu'il aille en taxe, il court le risque d'être réduit par un Juge n'ayant aucune base pour apprécier sûrement le travail et la responsabilité auxquels a donné lieu l'acte à taxer. N'a-t-on pas de nombreux exemples de liquidations et de contrats de mariage taxés par vacations ?

Donc le Notaire va en taxe. Si le Juge taxateur réduit, ce qui arrive le plus souvent, lorsqu'il y a lutte sourde entre la Chambre et le Tribunal, le malheureux taxé revient vers son client, l'oreille basse, passe pour un voleur, quoiqu'il arrive souvent que le notaire, dans ce cas, pour essayer de démontrer au client sa bonne foi, fasse remise complète de ses honoraires.

Le client va ensuite colporter de porte en porte que M. X... a voulu le voler, mais que lui, malin, ne s'est pas laissé faire, et qu'il engage tout le monde à se défier du dit M. X...

La calomnie fait petit à petit son

chemin, et le pauvre notaire subit un discrédit, sans qu'il puisse rien y faire. Ce discrédit sera peut-être la cause ou une des causes de sa ruine ultérieure.

Y a-t-il vraiment quelque chose de plus abominable qu'un pareil système qui a été créé de toutes pièces par la jurisprudence faisant une application absolument fausse de l'article 51 de la loi de Ventôse ?

Il faut vraiment que la corporation tout entière du Notariat soit, dans son ensemble, bien honorable, pour avoir pu résister à de pareils abus.

Un excellent auteur, M. Amiaud fait ressortir admirablement dans son ouvrage, *Du Tarif Général des Notaires*, les dangers qui résultent pour tous, magistrats, notaires et public, du défaut d'un tarif légal.

Nous ne pouvons mieux faire que de reproduire les passages suivants de ce traité.

Le principe établi par l'article 51 de la loi de Ventôse, qui édicte le règlement amiable des honoraires et qui s'en rapporte à chacun d'eux, pour déterminer la valeur et le mérite de ses actes, est très flatteur pour eux, mais :

« C'est, dit M. Amiaud, une de ces idées géné-
« reuses, qui, par malheur, trouvent rarement leur
« application dans les faits de la vie réelle. Avec cet
« excès de liberté, l'homme se laisse aller trop faci-
« lement aux indécisions légales qui l'entourent et,
« suivant les divers penchants d'orgueil, de cupidité,
« ou d'honnête modestie qui le dominent, il doit
« exagérer ses honoraires dans une proportion si
« différente, que ces variations seules seraient une
« cause suffisante de rivalités déplorables, de désor-
« dres, de déconsidération pour la Compagnie. Tout
« ceci est dans la nature des choses et confirmé par
« l'expérience. »

Le danger, en effet, de ce règlement amiable, ne tarda pas à se dévoiler, et de 1830 à 1840 de nombreux procès surgirent, ayant tous pour cause des exagérations d'honoraires.

Une nouvelle jurisprudence, malheureusement allant aussi au delà du juste, se forma vite, et fut sanctionnée par un arrêt de Cassation du 1er décembre 1841.

Ecoutons encore ce que dit M. Amiaud, en termes très courtois, mais démontrant bien que la jurisprudence est allée beaucoup trop loin.

« De cette époque (1er décembre 1841), date en « effet l'esprit de défiance et de rigueur qui n'a cessé « d'animer la Magistrature contre le Notariat, non « pas que nous veuillions mettre en doute la consi- « dération et l'estime que les magistrats peuvent « avoir et ont certainement pour tout notaire hon- « nête et éclairé. Non, certes ! Mais ces sentiments « de confiance, de protection bienveillante, d'indul- « gence même vis à-vis d'officiers chargés de fonc- « tions difficiles et périlleuses, sentiments dont « témoignent si clairement les décisions judiciaires « du commencement du siècle, n'existent plus ; « on sent, dans les arrêts nouveaux, comme une « sourde et constante indisposition du juge contre « l'officier public ; il semble que la magistrature ait « mission de poursuivre, dans l'intérêt de l'ordre public « et contre nous, une œuvre utile de réorganisation et « de régénérescence. Pour tout dire en un mot, là où

« la magistrature présumait toujours en faveur du « notaire, la tendance est de présumer aujourd'hui « contre lui.

« Nous ne prétendons pas que la Magistrature ait « absolument tort ; nous serions même tenté de pro- « clamer qu'elle a quelquefois raison, si cette sévérité, « qui ne corrige personne, ne retombait souvent sur « des notaires honnêtes, que les Juges trop aisément « prévenus, traitent alors en fonctionnaires coupa- « bles.

« Le Juge, sur son siège, entend rarement les « plaideurs proclamer le talent, la loyauté du « notaire ; la convention qui sert de base au procès « est fréquemment attaquée par les deux parties en « désaccord sur son exécution. L'une veut rester en « deçà, l'autre au delà des engagements pris. Toutes « deux, dans leurs prétentions exagérées, se cou- « vrent comme d'un manteau, des prétendues fautes « de l'Officier public. Le Barreau résiste rarement à « l'attrait d'un bon mot, à l'entraînement de la « satire ; le notaire est absent, l'impression est pro- « duite, et le Juge, fût-il au-dessus de l'humanité, ne « saurait s'en défendre.

« Il ne faut donc pas s'étonner que le notaire ait « cessé d'être, pour le public, le Conseiller respecté « de la famille, comme autrefois, et pour la Magistra- « ture, l'homme utile et bienfaisant dont on se « plaisait à faciliter la mission.

« Mais si notre considération diminue, si notre

« autorité s'affaiblit, c'est au législateur seul à y « *pourvoir*, et la jurisprudence qui s'est donné mis« sion de redresser les torts du Notariat, bien loin « de le relever dans l'esprit du public, le flétrit au « contraire et le déconsidère davantage, depuis cin« quante ans. »

Nous avons tenu à reproduire textuellement les observations si justes et si éloquentes de M. Amiaud, parce qu'elles peignent bien, selon nous, non seulement le défaut d'un tarif légal, mais encore la situation dans laquelle se trouve le Notariat, à l'heure actuelle, vis-à-vis de la Jurisprudence.

Ainsi, jusqu'à l'arrêt de Cassation du 1er décembre 1841, il était à peu près reconnu que les notaires avaient seuls droit de taxer leurs actes, ce qui était conforme à l'esprit et à la lettre de la loi de Ventôse : et ils ont usé et même abusé de ce droit, d'où une réaction allant ellemême bien au-delà du juste et faisant litière des intérêts du Notariat.

Il est donc absolument nécessaire qu'une législation uniforme fixe les droits du notaire, du magistrat taxateur et du public.

Nous ne croyons pas qu'il soit possible, quant à présent du moins, d'établir un tarif général uniforme pour toute la France, mais nous pensons qu'un tarif régional pourrait être facilement établi, et ferait disparaître les soupçons injurieux qui pèsent sur les notaires presque toutes les fois qu'ils ont à se faire payer leurs honoraires.

Il devrait être bien entendu, du reste, que ce tarif régional légal ne serait que transitoire, car le but auquel il faut tendre, est certainement l'établissement d'un tarif uniforme pour toute la France.

Cette question du tarif commence, du reste, à être demandée par tout le monde, Juges et Notaires. Le Congrès de Tours a reconnu son utilité en le discutant très attentivement dans les séances des 22, 23 et 24 juin 1893. Les magistrats taxateurs de certains grands tribunaux, Paris, Angers, etc..., n'ont pas hésité à approuver formellement celui établi par la Chambre de Discipline, et à s'y conformer strictement.

Cette question peut donc passer de la discussion et de la controverse à la réalisation.

Malheureusement, cette réalisation d'un tarif légal, régional ou uniforme, que nous appelons de tous nos vœux, ne peut certes donner seule satisfaction aux notaires, car nous considérons qu'elle se lie très intimement à la transmission des offices.

Voici comment : les prix de transmissions actuelles sont basés sur les produits qui, eux-mêmes, dérivent des taxes appliquées d'après le tarif particulier de chaque Compagnie.

Or, si le tarif légal, régional ou uniforme, venait à recevoir son application tout d'un coup, nous croyons qu'il en résulterait certainement une baisse très sensible de la valeur vénale de la plupart des Etudes.

D'où perte, quelquefois considérable pour les titulaires actuels.

C'est pour cette raison, et pour beaucoup d'autres, que nous ne croyons pas qu'il soit prudent au Notariat de demander des réformes partielles, et notamment celle d'un tarif légal, si cette mesure, éminemment juste et désirable, ne fait partie elle-même d'un ensemble de réformes qui, toutes, se lient très intimement.

II

DE LA RESPONSABILITÉ DES NOTAIRES EN MATIÈRE DE PRÊTS HYPOTHÉCAIRES

Une des causes des déconfitures qui

se sont succédées dans le Notariat depuis trente ans, et surtout depuis le *Krack* de 1882, est, sans contestation possible, la responsabilité effroyable et arbitraire qui pèse sur les notaires en matière de prêts hypothécaires; — responsabilité qui n'est définie nulle part, et que la jurisprudence augmente tous les jours, — si bien qu'on peut assurer que les notaires sont, actuellement, *en fait*, de véritables cautions de tous les prêts qui se font par leur intermédiaire; du reste, la plupart en sont arrivés à rembourser leurs clients sans même discuter cette responsabilité qui, cependant, dans la majeure partie des cas, ne devrait pas leur incomber. La crainte de soutenir un procès qu'ils sont à peu près sûrs de perdre, et de plus, le discrédit qu'ils peuvent craindre, même en cas de gain, forcent absolument les notaires à payer sans discuter, ce qui les amène fatalement dans un temps plus ou moins long, d'abord, à se livrer sous des prête-nom, au commerce des biens, obligés qu'ils sont de racheter des immeubles vendus à vil prix, par suite de saisie, puis ensuite à la ruine totale.

Y a-t-il en France une autre profession présentant de pareils risques avec d'aussi faibles rémunérations?

Nous ne le croyons pas.

Il est donc absolument urgent et nécessaire que des dispositions législatives viennent fixer *la responsabilité des notaires, en matière de prêts hypothécaires.*

En étendant outre mesure cette responsabilité, les Tribunaux actuels ont en vue de protéger les clients, qu'ils considèrent comme des victimes, contre le manque de scrupules des notaires qui leur font contracter des prêts absolument désastreux.

Cette façon d'envisager les choses est

certes bien commode, et pouvait même être exacte dans quelques cas, à une époque où il existait dans les Etudes un grand nombre de prêteurs illettrés; mais, actuellement les choses se sont modifiées, les prêteurs sont tous ou presque tous parfaitement aptes à saisir et à comprendre la nature et l'importance des garanties qui leur sont offertes : beaucoup même connaissent, dans ses grandes lignes, la jurisprudence actuelle, ce qui les porte à refuser systématiquement de connaître les immeubles qui leur sont offerts en garantie.

On peut objecter que si le notaire ne veut encourir aucune responsabilité, il n'a qu'à ne pas se faire l'intermédiaire de prêts hypothécaires.

Cela est vrai théoriquement ; mais, dans la pratique, cette façon de procéder est impossible dans presque toutes les études, et nous ajouterons, en outre, que si elle pouvait s'employer, ce serait un coup terrible porté à la richesse immobilière de notre pays, qui n'a augmenté dans de si notables proportions, depuis cinquante ans, que grâce au Crédit.

Nous nous expliquons :

Supposons un système qui empêcherait complètement les notaires de se faire les intermédiaires entre prêteurs et emprunteurs.

Pense-t-on que les prêts hypothécaires pourraient se conclure facilement ?

Évidemment non.

On verrait alors dans quelles proportions tous les biens baisseraient de valeur et de combien la fortune publique serait amoindrie.

D'où l'on peut conclure, que les notaires, pris dans leur ensemble, *ont soutenu et soutiennent encore actuellement, à leurs risques et périls, le Crédit Immobilier* dans des proportions autrement importantes, au point de vue social et financier, que le Crédit Foncier qui jouit cependant d'immunités particulières.

Nous n'hésitons donc pas à poser en principe, que les notaires sont et doivent être *les intermédiaires naturels et les négociateurs autorisés des prêts hypothécaires*, et que ce ne doit pas être par suite de ce rôle, que le prêteur connaisse ou non l'emprunteur, et le gage, qu'ils doivent encourir une responsabilité quelconque, laquelle doit se limiter à quelques points nettement définis :

La capacité civile des parties,

Les indications concernant la nature et la situation hypothécaire du gage, ainsi que son origine,

Et l'accomplissement des formalités hypothécaires qui sont la conséquence de l'acte.

Le notaire ne devrait encourir aucune autre responsabilité, car c'est au prêteur à s'occuper de prendre tous les renseignements qu'il peut lui plaire de se procurer sur la valeur de son gage, et s'il ne le fait pas, soit par négligence, soit par incapacité, ce ne doit pas être le notaire qui doit en être responsable.

Nous raisonnons, bien entendu, dans l'hypothèse où le notaire a été l'intermédiaire du prêt; car lorsque les parties se présentent devant lui, spontanément et de leur plein gré, il ne devrait être responsable que des formalités hypothécaires à remplir en vertu de l'acte qu'il est appelé à rédiger.

La jurisprudence actuelle s'est prononcée dans beaucoup de cas, pour le principe contraire, à tort selon nous, car le notaire ne pouvait éclairer le prêteur qu'aux dépens de l'emprunteur.

Le notaire n'a pas à savoir qu'elle est la personne la plus intéressante, et il ne peut être obligé de donner ses conseils, surtout lorsque ceux-ci peuvent trahir le secret professionnel.

Voici un des cas pour lesquels cette jurisprudence a prévalu.

Une personne avait emprunté plusieurs sommes dans une étude. Après avoir sollicité du notaire un nouveau prêt, qui lui fut refusé, elle trouva elle-même un prêteur connaissant les immeubles donnés en gage. Les parties revinrent ensemble chez le notaire qui avait refusé le prêt, pour faire l'acte d'emprunt. Le notaire dressa son acte sans faire aucune observation aux parties. Plus tard, le prêteur, n'ayant pas été remboursé, actionna le notaire en responsabilité : celui-ci fut condamné.

Eh bien, n'est-ce pas là une jurisprudence absolument néfaste ?

De quel droit le notaire se serait-il permis de faire connaître au prêteur la situation de son futur débiteur ? Et, s'il l'eût fait, n'aurait-il pas abolument trahi le secret professionnel ? Et l'emprunteur n'aurait-il pas été en droit de l'attaquer à son tour pour l'avoir discrédité ?

Les rôles du notaire et du prêteur doivent donc être aussi définis que possible par une nouvelle législation, et, en outre, comme celle-ci ne pourra nécessairement prévoir tous les cas qui peuvent dériver des circonstances particulières, il doit être édicté des mesures nécessaires qui empêchent les notaires, à l'avenir, de courir les effroyables risques qui sont presque toujours la cause déterminante des catastrophes où viennent sombrer honneur, considération et fortune.

Comme il sera probablement fort difficile de faire accepter un texte de loi précis déchargeant les notaires de toute responsabilité dans le sens que nous venons d'indiquer, il nous semble plus simple de faire limiter cette responsabilité au moment même de la passation des actes de prêts, c'est-à-dire à faire déclarer par les prêteurs, d'une façon authentique, s'ils entendent ou non avoir la responsabilité des notaires qui ont négocié les actes d'emprunt.

Pour arriver à ce résultat (dans les cas, bien entendu, où les notaires se seront faits les négociateurs des prêts), voici les mesures que nous proposons :

Premier cas

Tous les actes de prêt contiendront des déclarations faites par les parties, indiquant :

1° Si le notaire a été ou non le négociateur du prêt;

2° Une désignation aussi exacte que possible des biens hypothéqués;

3° L'estimation totale de ces biens;

4° L'état-civil de l'emprunteur et la situation hypothécaire au moment de la passation de l'acte, des immeubles donnés en garantie;

5° Enfin, décharge par le prêteur au profit du notaire de tout recours contre lui, dans le cas où l'emprunteur ne pourrait rembourser intégralement, par suite de l'insuffisance du gage, le montant de l'emprunt lors de la vente des immeubles hypothéqués.

De plus, la remise du prêt ne pourrait avoir lieu que si la situation hypothécaire, à la date de l'inscription, était conforme aux déclarations faites dans l'acte.

Deuxième cas

Au lieu de décharger le notaire, le prêteur pourrait, au contraire, stipuler qu'il entend avoir sa garantie.

Il serait tenu alors de verser au notaire un *tant pour cent* destiné à être déposé par lui à la Bourse de sa Compagnie afin de former, par accumulation, une véritable Caisse d'assurance gérée par la Chambre de Discipline.

Il est bien évident que de pareilles mesures ne pourraient avoir d'effet utile qu'autant qu'elles auraient une sanction organisée législativement et à peu près de la façon suivante :

Au moment de la passation de l'acte, il devrait être signé par le prêteur un double bulletin (malgré la stipulation contenue à ce sujet dans l'acte), indiquant si le prêteur entend ou non rendre le notaire responsable de la valeur du gage.

L'un des doubles de ce bulletin serait conservé par le notaire et répertorié sur registre spécial.

L'autre serait adressé à la Chambre de Discipline avec la somme provenant du tant pour cent versé par le prêteur, en cas de recours contre le notaire.

Répertoire serait tenu à la Chambre, des bulletins ainsi adressés.

L'inscription hypothécaire ne pourrait être prise par le conservateur, que sur le vu du double du bulletin devant rester la propriété du notaire.

Les Chambres de Discipline resteraient toujours maîtresses d'autoriser ou de défendre la réception par tel ou tel notaire des prêts hypothécaires avec responsabilité. Cette mesure serait prise contre les notaires dont les comptes seraient en déficit ou présenteraient un solde créditeur de trop peu d'importance.

Bien entendu, la voix d'appel existerait pour ces décisions au profit du notaire.

Ce tant pour cent serait fixé eu égard à la situation des comptes des notaires par la Chambre de Discipline, pour une période quinquennale, et cette décision serait rendue exécutoire par un décret d'administration publique.

Nous indiquerons, au chapitre de la Bourse commune, l'emploi de ce tant pour cent qui, dans le commencement, serait assez élevé, 1 ou 2 °/₀ peut-être, mais descendrait vite, nous en avons la conviction, à 0 fr. 50 et 0 fr. 25 °/₀.

Il devrait être interdit aux notaires de rembourser de leurs deniers personnels, sans y être dûment autorisés par la Chambre, les prêts pour lesquels ces notaires auraient pu encourir une responsabilité.

Les mesures que nous venons d'indiquer paraissent d'exécution facile ; elles nous semblent, en outre, très justes à l'égard des prêteurs qui pourraient ainsi, moyennant une somme relativement minime, assurer d'une façon certaine le remboursement de leurs capitaux, desquels ils ont pu, par l'intermédiaire du notaire, tirer un profit rémunérateur.

Nous n'ignorons pas que si les mesures que nous venons de préconiser étaient mises en pratique, elles restreindraient un peu le chiffre d'affaires des études (notamment celles de celui qui écrit ces lignes), mais cette considération n'est certes pas à mettre en parallèle avec la considération morale et effective et les avantages de toute nature qu'elles procureraient certainement à tous les notaires.

Certes, nous ne nous bernons pas de l'espoir que cette nouvelle législation soit acceptée facilement par tous nos confrères ; mais nous les supplions de bien y réfléchir, et ils verront qu'elle sauvegardera, cependant, dans la mesure du possible, et nos intérêts particuliers et ceux du public en général.

Au Congrès de Tours, un notaire s'est élevé vivement contre cette proposition, en disant :

« Avec un pareil système, on mettrait, sur nos « panonceaux : « Ici, on recoit des prêts avec garan- « tie, ou bien on n'en reçoit pas. »

Évidemment, ceci n'est qu'une boutade,

nous voulons cependant y répondre.

La mésure qui empêcherait le notaire de négocier certains prêts ne serait autre chose, somme toute, qu'une mesure disciplinaire telles que la Censure et la Suspension, si on veut, et je ne sache pas qu'aucune de ces mesures ait été rendue publique autrement que dans le prêtoire du tribunal qui rendait la décision.

Eh bien, les mesures que nous préconisons recevraient encore bien moins de publicité, puisqu'elles seraient prescrites par les Chambres de Discipline, et qu'il dépendrait uniquement du notaire de les faire cesser, suivant ce que nous indiquerons au chapitre de la Bourse commune.

. . . .

A cette question des prêts hypothécaires se rattachent toutes les mesures bien nécessaires ayant pour effet de réduire les frais judiciaires si énormes aujourd'hui.

Cette réduction des frais judiciaires n'est pas chose facile, nous le reconnaissons, mais il y a cependant une législation qui a fonctionné en France pendant quelque temps et dont les avantages avaient compensé bien au delà les inconvénients. Nous voulons parler de la Voie parée.

Nous demandons donc le rétablissement de cette législation, qui aura pour première conséquence de dégrever la petite propriété immobilière des énormes frais de justice qui la ruinent sûrement et légalement.

Cette question a, du reste, été comprise dans un projet de loi déposé à la Chambre par M. Dupuy-Dutemps et quelques-uns de ses collègues, le 9 décembre 1893, et ayant pour objet la « Révision du code de procédure », et « des frais judiciaires. »

Malheureusement, comme presque pour toutes les lois d'affaires, ce ou ces projets, si nécessaires à l'heure actuelle (s'ils sont bien conçus), dormiront probablement longtemps dans les cartons; seront probablement mal étudiés, et, s'ils sont votés, produiront peut-être de mauvais résultats.

C'est donc au Notariat de s'emparer tout au moins de celles des questions qui l'intéressent le plus particulièrement, et notamment de celle concernant la Voie Parée, de les faire étudier à fond dans ses Comités ou Congrès, et de les faire présenter complètes au Parlement.

III

DES CHAMBRES DE DISCIPLINE

L'organisation insuffisante des Chambres de Discipline est encore une des causes principales du discrédit actuel du Notariat.

Ces Chambres sont organisées par l'art. 50 de la loi de Ventôse et par l'ordonnance du 4 janvier 1843, qui leur ont donné certains droits et certaines prérogatives, sans leur donner en même temps la force exécutoire nécessaire pour assurer directement la sanction de leurs décisions. C'est, du moins, la jurisprudence actuelle qui a prévalu sur ces questions (Voir arrêt de Cassation : 30 juillet 1850, 27 août 1851, 30 janvier 1855, 30 juin 1856, 12 novembre 1856 et 7 avril 1862).

Ce défaut de sanction a forcément amené un manque d'autorité morale de ces Chambres, d'où le relâchement actuel de la discipline ; et cela est si vrai que dans presque tous les cas, les Parquets ne se donnent même plus la peine de prendre leur avis lorsqu'ils exercent des poursuites contre un notaire.

La réorganisation des Chambres de Discipline s'impose donc au premier chef.

Elles devraient être, au moyen d'un contrôle, pour ainsi dire incessant, les régulateurs presque parfaits du bon fonctionnement du Notariat, dans chaque Compagnie.

Elles devraient être, en outre, un véritable Tribunal professionnel, ayant tous les pouvoirs nécessaires pour faire exécuter ses décisions, sauf appel par les intéressés.

Les notaires ne devraient être justiciables, comme les autres citoyens, des Tribunaux civils, que pour les crimes et délits de droit commun.

Les Chambres auraient ainsi une autorité incontestable sur leurs Compagnies.

Et, comme conséquence, il devrait y avoir deux juridictions.

Celle du premier degré qui fonctionnerait pour la Compagnie des notaires d'un département.

Celle du deuxième degré ou d'appel,

qui siégerait aux chefs-lieux des Cours d'appel, pour les Compagnies du ressort de ces Cours.

Enfin un Conseil général du Notariat, siégeant au Ministère de la Justice, serait le régulateur du bon fonctionnement du Notariat.

Les matières dont les Chambres de première instance et d'appel auraient à connaître, seraient déterminées par une loi et des règlements d'administration publique.

Nous n'avons naturellement point à rechercher, ni fixer ici, quelles seraient ces attributions; cette matière est tellement importante, qu'elle sortirait absolument du cadre de ce petit travail; cependant, nous allons indiquer très sommairement quelles pourraient être leurs compositions et aussi les grandes lignes de quelques-unes de leurs attributions, qui marquent bien le caractère de la réforme.

. . . .

Une des causes qui ont le plus contribué à empêcher toute autorité morale des Chambres actuelles, est certainement le fait qu'elles sont issues d'un très petit nombre de suffrages.

Pour cette raison, il y aurait lieu de ne former qu'une seule Chambre par département qui devrait avoir dans ses attributions :

1° Le contrôle de toutes les études de son ressort, au moyen des agents dont nous parlerons plus loin ;

2° Tout ce qui peut se rattacher de près ou de loin à la discipline intérieure de ses membres ;

3° La gérance et la responsabilité de la Bourse commune, qui serait toujours forcément d'une réelle importance, si les principes développés dans cette étude étaient mis en pratique ;

4° Enfin, jugement de tous différends et litiges, pouvant exister, non seulement entre les notaires de sa juridiction, mais encore entre ces notaires et les tiers, au sujet de toutes questions professionnelles, telles que taxes, arrêtés de compte, etc., etc.

En constituant ainsi un véritable Tribunal ayant des pouvoirs et des attributions nettement définis, on arrive forcément à la nécessité de créer une juridiction supérieure, à laquelle les parties intéressées pourraient faire appel.

De là ce que nous appelons les Chambres d'appel, qui pourraient être composées de la façon suivante :

1° Un membre de chaque Compagnie, nommé par le Ministre, sur la présentation de la Compagnie tout entière ;

2° Un Conseiller à la Cour;

3° Le Procureur général de la Cour d'appel.

Nous faisons entrer dans la composition de ces Chambres d'appel ces deux magistrats, pour bien marquer le caractère mixte de cette juridiction et enfin pour assurer à l'État une représentation qui lui appartient sans conteste.

Nous avons dit que les Chambres de département devraient avoir, dans leurs attributions, la surveillance effective des études de leur juridiction, de façon à ce que chaque étude soit, pour ainsi dire, cotée et sa bonne marche assurée.

Mais comment établir cette surveillance qui doit être surtout morale et bienveillante et cependant assez ferme et assez sûre pour prévenir toute catastrophe ?

Nous ne voyons que la création d'un corps de contrôle qui puisse répondre à cette question.

Comment organiser ce contrôle ?

Les décrets de 1890 ont fixé un mode d'inspection qui a peut-être donné quelques résultats, mais qui ne peut vraiment trouver une place quelconque dans une réorganisation sérieuse du Notariat.

Nous n'avons pas, bien entendu, à en développer ici les raisons.

Nous considérons donc que la seule mesure rationnelle est la création *d'un corps spécial d'inspecteurs notariaux.*

Ces inspecteurs, dont un seul suffirait pour un département, et peut-être pour deux, seraient nommés par décret du Président de la République, sur la présentation des Chambres du deuxième degré.

Ils seraient recrutés, *après examens*, parmi les anciens Notaires et les Élèves de l'École Normale supérieure du Notariat.

Ces Inspecteurs seraient tenus de prêter serment et astreints au secret professionnel, au même titre que les notaires en exercice, et dans des limites qui sont à déterminer.

Ils recevraient un traitement qui serait fixé par une loi et qui serait couvert au moyen d'une taxe spéciale que les notaires seraient autorisés à percevoir sur chaque acte, taxe qui serait, par exemple, de 0 fr. 05 % du capital énoncé, avec minimum de 1 franc.

Cette taxe, si légère, suffirait certainement pour assurer le traitement des inspecteurs et faire de leur poste une situation honorable et enviée.

Le surplus de cette taxe, qui excéderait le traitement des inspecteurs, profiterait à la Bourse commune.

Quelles seraient donc, dans leurs grandes lignes, les fonctions de ces inspecteurs ?

Ils seraient tenus de vérifier complètement chaque étude de leur ressort au moins une fois tous les deux ans, et ils auraient le droit de faire inopinément, en outre de cette principale inspection, toutes vérifications de caisse qu'ils croiraient nécessaires.

A la fin de chaque inspection, les inspecteurs adresseraient un rapport en double :

A la Chambre de laquelle fait partie le notaire inspecté et à l'inspecteur général dont nous parlerons plus loin.

Ce rapport ferait ressortir notamment les points suivants :

1° Importance des frais généraux de l'étude.

2° Produits-annuels d'après la taxe.

3° Importance par année des sommes à recouvrer.

4° Nombre annuel des prêts hypothécaires, avec indications de ceux dont le notaire est responsable de la valeur des immeubles.

Nous nous sommes expliqué plus haut à ce sujet au titre de la *Responsabilité hypothécaire*.

Et enfin, modifications à apporter dans le fonctionnement intérieur de leurs inspections.

Il est certain que, les premières années, ces inspections seraient forcément un peu vagues, mais il est à croire que petit à petit, elles deviendraient plus précises, et fixeraient d'une façon presque uniforme, la façon d'opérer des notaires à leur grand profit matériel et moral, et aussi au grand profit du public.

Au-dessus de ces agents, il y aurait un inspecteur général qui les dirigerait et serait responsable de leurs travaux, vis-à-vis *tant* du Conseil général du Notariat *que* du Ministre de la Justice.

On remarquera que le traitement de ces inspecteurs est fourni par une taxe supplémentaire, assise sur les actes des notaires, ce que nous considérons comme absolument juste et équitable, puisque c'est le public qui bénéficiera d'une semblable institution.

Nous n'avons pas voulu que les traitements fussent assurés par l'Etat, car ils ne doivent pas, ainsi du reste que les notaires, être des fonctionnaires publics, dans le sens que l'on attache ordinairement à ce mot, et le Notariat, dans notre pensée, devant avoir une organisation autonome, aussi indépendante que possible ; nous ajouterons que ces inspecteurs devraient être inamovibles sous certaines conditions à déterminer.

Pour compléter l'organisation dont nous venons d'esquisser les grandes lignes nous voudrions la création d'un Conseil général du Notariat, siégeant au Ministère de la Justice, dont les membres seraient nommés, partie par toutes les Chambres et le surplus par le Ministre.

Tous les notaires en exercice seraient éligibles.

Ce Conseil général serait divisé en plusieurs sections et aurait pour mission de préparer et de coordonner toutes les lois et règlements se rattachant au Notariat et encore d'assurer et de donner, au moyen des inspecteurs, une impulsion aussi uniforme que possible au fonctionnement du Notariat.

Serait attaché à ce Conseil, en qualité de secrétaire, et en ferait partie de droit, l'inspecteur général qui serait nommé, sur sa présentation, par décret du Président de la République.

Il ne pourrait être choisi que parmi les inspecteurs départementaux ou bien par les anciens présidents de Chambre de notaires.

A ce Conseil aboutiraient les rapports des Chambres de Discipline et ceux des inspecteurs départementaux.

Les fonctions de membre du Conseil général, comme toutes celles des Chambres, seraient purement honorifiques, sous la réserve cependant qu'il pourrait être alloué des jetons de présence à titre d'indemnité de déplacement.

Seul, l'inspecteur général recevrait un traitement qui serait fourni par la Bourse du Conseil général qui serait elle-même alimentée par une cotisation fournie par les Bourses de chaque Compagnie.

Nous attachons une grande importance à la création de ce Conseil général, car il aurait forcément pour mission :

De faire étudier toutes les lois intéressant le Notariat et poursuivre, conformément à l'intérêt public et à celui des notaires, la réalisation de celles pendantes devant le Parlement ;

De donner au Notariat tout entier, par l'entremise des Chambres de Discipline et de ses inspecteurs une impulsion conforme aux vrais intérêts du public et des notaires ;

Et enfin de suivre près des ministres compétents toutes les questions, non seulement d'intérêt général, mais encore toutes celles pouvant concerner les notaires en particulier.

IV

DE LA CONCURRENCE ENTRE NOTAIRES

Nous avons dit plus haut (1) que si la concurrence était l'âme même du commerce, elle était absolument, dans le Notariat, contraire à tous les intérêts généraux du Public et des Notaires.

Si on admet la vérité de ce principe, que nous posons mais que nous ne voulons pas développer ici (on doit en comprendre facilement les raisons), par quelles mesures peut-on espérer arriver à restreindre cette concurrence dans les limites du juste et de l'utile ?

C'est, croyons-nous, une des plus sérieuses difficultés que rencontreront ceux qui seront chargés, plus tard, de l'élaboration des nouveaux Règlements intérieurs.

Sans vouloir annihiler cette concurrence, certaines mesures pourraient l'amoindrir dans de notables proportions et l'empêcher d'être aussi malfaisante. Nous

(1) Page 14.

allons essayer d'en indiquer au moins deux.

Toutes les opérations du Notariat peuvent se diviser en deux grandes catégories principales qui sont :

Celles comprenant les Règlements des successions;

Et celles ayant pour objet les transmissions mobilières et immobilières, lesquelles sont, dans quelques cas, la conséquence des premières, mais le plus souvent dérivent des prêts hypothécaires.

Il nous semble qu'il pourrait être formé des circonscriptions nettement définies et restreintes à un certain nombre d'habitants dans lesquelles un notaire aurait seul droit de procéder aux inventaires et procès-verbaux de ventes publiques de meubles et d'immeubles.

Avec cette seule mesure, la clientèle de chaque étude serait certainement plus fixe, et les notaires seraient moins enclins à pousser leurs prêts hypothécaires aux dernières limites, afin de s'assurer, autant que possible, la liquidation des opérations immobilières commencées par les prêts.

V

DU RECOUVREMENT DES FRAIS D'ACTES

Cette question a encore une grande importance.

Actuellement, on peut dire que, presque partout, sauf peut-être dans les études de grandes villes, les recouvrements se font mal ou même pas du tout.

Pourquoi? Les raisons en sont multiples; mais il y en a une principale qui domine toutes les autres. Les notaires ont peur de mécontenter leurs clients.

Certes, il est facile de dire qu'ils n'ont qu'à s'affranchir de cette crainte pour faire disparaître ce vice de notre organisation. Eh bien, ceci n'est pas possible, et j'en appelle à tous nos confrères.

Il faudrait donc qu'une volonté supérieure imposât les recouvrements et les fasse même opérer directement en dehors des notaires.

Pour cela, il suffirait qu'annuellement un état des frais dus depuis plus d'une année fût remis, par chaque notaire, au secrétaire de la Chambre, qui serait chargé d'en poursuivre le recouvrement, à la requête du Président de la Chambre.

Les inspecteurs auraient pour mission, en vérifiant la balance des comptes, de voir si ces états sont dressés régulièrement.

Il serait perçu, au profit de la Bourse commune, un tant pour cent qui serait fixé par la Chambre.

De cette façon, les recouvrements se feraient, pour ainsi dire, administrativement et d'une façon générale.

Cette mesure, à l'origine, rencontrerait peut-être bien des difficultés; elle aurait de mauvaises volontés à vaincre; mais il est à croire qu'au bout de quelques années, les clients auraient contracté l'habitude de régler leur notaire avec moins de désinvolture, et qu'on arriverait ainsi, petit à petit, à un état de choses normal et d'une application facile.

VI

DE LA BOURSE COMMUNE

Par rapport au fonctionnement général du Notariat, il n'y a aujourd'hui aucune organisation financière, car on ne peut vraiment appeler de ce nom ce qu'on dénomme, dans chaque Compagnie, *la Bourse commune*, qui, du reste, n'a aucune importance dans la plupart des Compagnies et n'existe que de nom, puisqu'elle ne rend aucun service.

Il reste donc à organiser, de toutes pièces, ces Bourses communes.

Celles-ci, si les rouages en sont bien établis et bien constitués, peuvent et doivent rendre au Notariat, aussi bien qu'au public, des services très réels, sans que les charges à créer soient fort onéreuses.

Elles devraient être de véritables caisses d'assurances, notamment en matière de prêts hypothécaires, et être en outre en mesure de distribuer des secours à ceux des membres de la corporation qui seraient, à la fin de leur carrière, peu fortunés et dignes de recevoir ces secours, car il serait moral et de la plus haute importance que tous les notaires d'une même Compagnie, forment vraiment une véritable famille venant au secours de ceux de ses membres pour qui la vie a été pleine de déceptions.

A l'heure actuelle, certaines Chambres contenant un grand nombre de membres et riches, par conséquent, des cotisations versées, montrent l'exemple de la véritable fraternité.

Nous en connaissons une notamment, et nous pourrions la citer, puisque le fait est tout à son honneur, qui n'a pas hésité à soutenir de la façon la plus efficace et cela à plusieurs reprises, des veuves et des enfants de notaires tombés dans la misère à la suite de la mort ou de la déconfiture de leur mari ou père.

Eh bien! ce qui n'est à ce moment qu'un cas particulier, devrait être la règle générale, et pour cela, il faut créer des ressources pour ainsi dire permanentes.

On n'arrivera certes pas à ce résultat du premier coup, mais nous avons la conviction qu'avec des Bourses créées comme nous l'indiquerons plus loin, on pourrait avoir, dans quelques années et dans chaque Compagnie, un fonds d'accumulation non seulement suffisant pour parer aux éventualités de déconfitures peu nombreuses avec la nouvelle organisation, mais encore à la distribution de subventions qui feraient le plus grand honneur à toute la corporation.

La Bourse de chaque Compagnie devrait avoir la personnalité civile, c'est-à-dire jouir de toutes les prérogatives attachées à cette qualité et que nous n'avons nullement besoin de rappeler ici.

Elle se composerait donc notamment :

1° Des dons et des legs qui pourraient lui être faits ;

2° D'une cotisation annuelle versée par chaque notaire et dont le *quantum* serait fixé chaque année par le président, après avis de la Chambre ;

3° D'une première mise à verser par chaque notaire entrant en exercice ;

4° De la taxe spéciale destinée à assurer le traitement de l'inspecteur ;

5° Du tant pour cent qui serait versé par suite des négociations de prêts et de celui versé par les notaires pour le recouvrement de leurs frais ;

6° Des intérêts et arrérages des capitaux et encaissés que la Bourse serait tenue de faire fructifier au moyen de placements de premier ordre (Rentes sur l'État, obligations de chemins de fer).

Les charges annuelles de la Bourse comprendraient :

1° Le loyer d'un local où se tiendraient les assemblées générales et qui serait le siège de la Compagnie ;

2° Le traitement d'un secrétaire responsable ;

3° Le traitement de l'inspecteur,

4° Les jetons de présence alloués aux membres de la Compagnie ;

5° Les subventions aux anciens notaires nécessiteux ou à leurs familles ;

6° Les sommes à payer pour le compte de chaque notaire pour les responsabilités hypothécaires.

L'administration intérieure de cette Bourse comprendrait deux divisions principales :

La *première* serait véritablement le compte de la Bourse commune.

Les fonds de cette première catégorie seraient donc la propriété de la Compagnie, et les notaires, individuellement, n'y auraient aucun droit à leur cessation de fonctions.

La *seconde* comprendrait les comptes particuliers ouverts à chaque notaire de la Compagnie.

C'est le fonctionnement de cette deuxième division que nous allons étudier.

On a vu plus haut, au titre — De la responsabilité en matière de prêts hypothécaires, — que les prêts pourraient être contractés avec garantie complète pour les prêteurs moyennant une taxe spéciale.

Le montant de cette taxe serait porté au crédit particulier de chaque notaire qui aurait négocié le prêt pour former ainsi un fonds d'accumulation destiné à couvrir les responsabilités que les notaires pourraient encourir de ce chef.

Trois cas pourront alors se produire.

Premier cas

Le compte du notaire suivra une marche normale et les sommes payées seront ou inférieures ou équivalentes à celles encaissées.

Deuxième cas

Les sommes payées ou à payer seront supérieures à celles encaissées et le compte sera alors en déficit.

Ce déficit sera comblé par la masse commune, mais la Chambre pourra enjoindre au notaire titulaire de ce compte, d'abord de rembourser ce déficit avec ses fonds personnels, puis lui défendre de procéder, jusqu'à nouvel avis, à la réception de prêts avec responsabilité.

Par ce système, il sera facile à la Chambre de se rendre compte de la situation de chacun des membres de sa Compagnie et elle pourra ainsi facilement prévenir toutes catastrophes.

Troisième cas

Les sommes encaissées seront supérieures aux sommes payées ; et l'excédent se capitalisera au compte particulier du notaire jusqu'à la cessation de ses fonctions, époque à laquelle le compte sera balancé et arrêté, et l'excédent continuera de se capitaliser pendant un certain nombre d'années (5 ou 10), de façon à assurer pendant ce laps de temps le paiement de toutes sommes dues par ce notaire pour responsabilité de ses prêts hypothécaires.

A l'expiration de ces 5 ou 10 années, moitié de la somme disponible serait remise au notaire et l'autre moitié acquise à la masse commune à titre d'indemnité représentative des risques courus par elle pour les cas éventuels des paiements de ses deniers.

Il n'y a guère à prévoir le cas où, lors de la cessation de fonction, un ou plusieurs comptes seraient en déficit, par la raison que cette éventualité ne peut et ne doit pas se produire si la Chambre et l'Inspecteur ont su surveiller la gestion de chaque compte.

Cependant, il est évident que si ce cas venait à se produire, la masse commune serait tenue de payer, sauf son recours contre les notaires débiteurs.

A première vue, toute cette organisation semble bien compliquée et difficile, mais, en y réfléchissant, il est facile de voir qu'elle est relativement simple si on considère les avantages moraux et matériels que le Notariat recueillerait d'une semblable organisation.

En effet, les catastrophes seraient rendues presque impossibles et le Notariat tout entier jouirait, au point de vue financier, d'une considération qui lui faciliterait singulièrement son rôle dans la société.

Mais les prêteurs qui consentiraient à abandonner un tant pour cent pour la garantie de leurs prêts seraient-ils nombreux ?

Il est évident qu'il est impossible de répondre à cette question d'une façon absolumentaffirmative,mais nous croyons cependant que tel serait le cas, car il nous est arrivé souvent de voir des prêteurs fort intelligents regretter qu'il n'y eût pas une organisation répondant à ce *desiderata*.

Du reste, la fréquence de ces prêts avec garantie, dans les études, dépendrait certainement du *quantum* du tant pour cent à verser qui devrait être, à l'origine, aussi peu élevé que possible.

On doit aussi remarquer que si ces sortes de prêts étaient peu fréquents, il s'en suivrait que les responsabilités des notaires seraient peu nombreuses, puisqu'il n'y aurait pas eu, dans la plupart des cas, décharge de garantie pour les notaires, ce qui constituerait un immense avantage sur ce qui existe actuellement.

CHAPITRE IV

DES

DIVERSES MESURES A ÉDICTER

POUR COMPLÉTER

L'ORGANISATION DU NOTARIAT EN FRANCE

Par ce qui précède, on doit voir que nous préconisons une organisation très serrée du Notariat qui devra empêcher, à l'avenir, toute catastrophe et donner au pays la plus profonde sécurité.

Mais cette organisation ne laisserait pas que d'imposer de nouvelles charges, assez sérieuses, aux notaires; il est donc juste que, pour réciprocité, ils jouiraient d'immunités particulières en tant qu'elles ne seraient pas contraires au bien public.

Dans cet ordre d'idées, on doit, du reste,

faire remarquer qu'un des Rôles du Notariat est d'être, souvent à ses risques et périls, le meilleur collecteur d'impôts du Gouvernement.

En effet, les notaires versent à l'État, chaque année, environ 400,000,000 et cela, comme nous le disions tout à l'heure, à leurs risques et périls, surtout dans les campagnes, car une partie, assez faible il est vrai, n'est jamais recouvrée par eux, et le plus souvent leurs avances sont recouvrées tardivement sans qu'ils aient le droit de réclamer des intérêts.

Il y a donc pour eux, de ce chef, une perte assez sensible. A ceci, l'Etat répond que les notaires ne doivent jamais faire d'avance, c'est peut-être vrai, mais absolument impossible; dans tous les cas, que ce mode de faire soit régulier ou non, c'est l'Etat le premier qui en bénéficie, car les transactions se trouvent facilitées, d'où rentrées de sommes que l'Etat n'aurait peut-être jamais encaissées sans cela.

Considéré à ce point de vue, qui est certes bien terre à terre, mais qui n'en est pas moins vrai, et en supposant qu'il n'y eût pas d'autres raisons, nous disons que l'Etat doit concéder aux notaires les prérogatives suffisantes pour leur permettre de vivre suivant le rang que leur assignent leurs fonctions si importantes dans la société.

C'est pour cela que nous demandons que, comme conséquence d'une nouvelle organisation du Notariat et pour la rendre complète et conforme aux intérêts du pays et des notaires, il soit édicté des lois ayant pour objet :

1° De rendre obligatoires devant notaires toutes les mutations immobilières.

« On sait, du reste, sans que nous ayons besoin « d'insister, puisque cette Etude s'adresse à un public spécial, quelles perturbations profondes « apportent les actes sous-signatures privées dans « notre régime hypothécaire, et combien ils sont

« contraires aux vrais intérêts du Public et du « Trésor, car nous estimons que l'Etat, du chef de « ces actes, qui ne subissent, dans la plupart des « cas, aucune formalité, éprouve une perte annuelle « qui ne doit pas être inférieure à 10 ou 15 millions

« De plus, ces actes sous signatures privées qui « tendent de plus en plus à se multiplier, créent aux « Notaires, malgré leur nullité, dans la plupart des « cas, une concurrence effrénée qui profite exclusi- « vement aux Agents d'affaires. »

2° De permettre aux Notaires de réclamer leurs intérêts d'avance;

3° De modifier la loi sur la prescription des frais d'actes dans un sens beaucoup plus large et beaucoup plus étendu ;

4° De modifier les droits proportionnels sur les ventes et échanges d'immeubles dans le sens de les faire peser moins lourdement sur les petites transactions en compensant la perte par une élévation sur les grosses, c'est-à-dire de rendre ces droits proportionnels et progressifs ;

5° De rétablir la clause de Voie Parée ;

6° De modifier la Procédure en ce

qui concerne les ventes judiciaires et les ordres ;

7° De rendre obligatoire le renvoi devant Notaires de toutes ventes judiciaires, ce qui ne serait que la conséquence de rendre obligatoires devant notaires toutes les transmissions immobilières.

Nous avons dit, sous le titre des « *Considérations générales* » que le Notariat, étant réorganisé dans le sens que nous venons d'indiquer, la Réforme de la Procédure serait chose bien plus facile.

En effet, le Notariat ayant des règles précises de fonctionnement et l'exécution de ces règles étant assurée, quelques matières qui sont dans l'attribution des Tribunaux devraient être données aux Notaires. Au nombre de ces matières figurent, notamment, les Ordres amiables ou judiciaires qui devraient être réglés par les Notaires, sous leur responsabilité, puis homologués par le Tribunal

Il est donc facile de se figurer qu'en allégeant ainsi les Tribunaux, la Réforme de la Procédure serait chose plus facile. De plus, on pourrait les réduire comme nombre.

On arriverait ainsi à de sérieuses économies sur le *Budget général.*

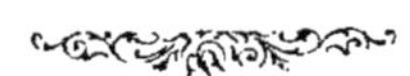

CONCLUSION

Nous venons de tracer les grandes lignes du plan plus ou moins complet à suivre pour la refonte de notre Législation notariale.

Le moment est-il bien opportun pour tenter une chose aussi considérable ?

Ne vaudrait-il pas mieux se contenter de provoquer certaines réformes partielles, telles, par exemple, que celles concernant les garanties à exiger des candidats notaires : le Tarif légal et la suppression des notaires en second ?

Ce sont là de graves questions que nous n'avons certes pas la prétention de trancher sans discussions.

Le principal argument que font valoir bon nombre de notaires qui repoussent la refonte générale, consiste à insinuer que, dans les hautes sphères gouvernementales et parlementaires, on est fort mal disposé à accueillir les doléances des notaires, et que, par suite, les réformes seraient certainement faites contre eux.

Nous croyons cet argument plus spécieux que sérieux, et nous avons plus de confiance dans la sagesse et l'équité de nos gouvernants et législateurs, surtout si on parvient à faire mettre en discussion une loi qui tiendrait égal compte des intérêts généraux du pays et de ceux des notaires.

Nous pensons donc qu'à ce point de vue, le Notariat n'a rien à gagner d'attendre la venue de Parlements hypothétiques qui ne seront peut-être pas mieux disposés. Nous croyons, au contraire, que le Notariat se trouve à une époque éminemment favorable pour ses revendications, car il peut les faire coïncider avec la Réforme de la Procédure et la Révision du Cadastre qui sont actuellement en préparation.

Le Gouvernement lui-même semble, du reste, vouloir présenter des projets, on ne sait trop lesquels, visant l'Institution du Notariat.

C'est ainsi qu'à l'heure actuelle, il fait relever les prix des cessions d'Études depuis 50 ans. Pourquoi ?

Il ne nous semble donc pas qu'il soit utile d'attendre, bien au contraire : reste à examiner s'il vaut mieux chercher à faire aboutir partiellement telle ou telle réforme.

Qu'on le veuille ou non, il est indéniable que les diverses réformes à accomplir se lient entre elles très intimement, et de telle façon que si l'une d'elles seulement est réalisée, non seulement elle ne produira rien d'utile et d'appréciable, mais elle peut être très nuisible aux intérêts particuliers des notaires.

Nous nous expliquons :

Croit-on que si la question du Tarif légal venait à recevoir seule une solution, cette mesure produise de bons résultats ? Non, et nous en avons dit plus haut la raison au titre du Tarif légal, en montrant la connexité qui existe entre cette question et celle concernant la transmission des Offices.

Croit-on encore que si de plus grandes garanties venaient actuellement à être exigées des aspirants au Notariat, si, en un mot, une loi légiférait seulement sur cette matière, les titulaires actuels n'en souffriraient pas ?

Evidemment si, et cela est tellement vrai que le Comité des notaires des départements l'a bien senti, et l'a virtuellement déclaré dans sa session de mars 1892.

Voici comment :

MM. Duguet et Hédelin, dans leur rapport sur les Écoles du Notariat à créer, après avoir analysé le programme de M. Dupond qui demande l'obention par les candidats d'un titre de licencié ès notariat, écrivent ce qui suit :

« Le Comité croit devoir faire des réserves sur « l'obligation de l'enseignement. Cette obligation « pourra être présentée un jour devant le Parlement ; « elle amènera la transformation de l'Institution « qui y a déjà été faite par des propositions de loi. « Nul ne peut prévoir ce qu'il en adviendra. Il « n'appartient pas au Comité de provoquer ces « mesures, et il ne peut que se borner actuellement « à témoigner des remerciements aux magistrats, « aux professeurs et aux notaires qui ont pris la « tâche de diriger les Ecoles libres, et les encoura- « gements aux clercs qui comprennent la grande « utilité d'en suivre les cours. »

Ainsi, d'après l'avis du Comité des notaires des départements, une loi établissant l'obligation d'enseignement, amènerait la transformation de l'institution.

Nous estimons que MM. Duguet et

Hédelin ont grandement raison, et qu'il ne faut pas songer à préconiser isolément l'adoption de cette mesure qui touche, si on y réfléchit bien, aux intérêts les plus vitaux des notaires, tels que Recrutement des clercs, Prix de cession des Études, etc.

Et la suppression des classes qu'on commence à demander aujourd'hui un peu partout, est-il possible d'y arriver si les questions de Transmission d'office et du Tarif légal ne sont pas tranchées ?

Et toutes ces questions elles-mêmes, est-ce qu'il est possible de les faire accepter par le Parlement, si on ne lui propose pas en même temps les mesures nécessaires pour assurer le bon fonctionnement et le contrôle destinés à garantir les intérêts du public.

Nous soutenons donc que des réformes partiellement opérées ne pourraient être, dans l'état actuel des choses, que fort préjudiciables aux intérêts si respectables des notaires, et que seule, une refonte complète peut donner satisfaction aux intérêts généraux et particuliers du public et des notaires, surtout si elle est accomplie par des hommes compétents qui sachent s'affranchir de tout esprit de parti.

Mais, par quels moyens arriver à cette refonte si importante ?

Il ne peut y en avoir qu'un : la constitution par le Gouvernement d'une Commission extra-parlementaire comprenant des députés, des sénateurs, des membres de la Magistrature, du Barreau et des notaires, ces derniers, en aussi grand nombre que possible.

Cette commission préparerait des textes précis qui seraient ensuite mis en discussion devant le Parlement. Mais il est fort probable, dans l'état actuel des choses, que le Gouvernement, en eût-il le désir, n'arrivera à se mettre à l'étude de la

Réforme, que s'il y est poussé vivement par un mouvement d'opinion qui ne peut être provoqué que par les intéressés.

C'est pourquoi nous avons applaudi à la formation du Congrès des notaires de France.

Malheureusement, les trois Congrès qui ont eu lieu à Grenoble et à Tours, au lieu de se tenir sur le terrain large d'une refonte complète et d'en traiter les grandes lignes, sont tombés dans les questions de détail, qu'ils ne peuvent certes faire aboutir, car ils n'ont ni le temps, ni l'organisation nécessaires pour cela; et la meilleure preuve est qu'ils ne semblent pas avoir donné jusqu'ici de résultats apparents.

Considérés au point de vue de l'étude des questions techniques intéressant le Notariat, ces Congrès font presque double emploi avec le Comité des Notaires des Départements qui, lui, est bien mieux placé pour poursuivre patiemment et savamment les études ardues que soulève chaque question, mais qui, à tort ou à raison, ne veut pas d'une refonte générale.

Il appartenait au Congrès des notaires de France d'avoir un but bien défini, celui de lutter pour un groupement par région de tous les membres du Notariat.

Il aurait dû provoquer et chercher à obtenir la formation, dans chaque département, d'un Comité dont une délégation aurait constitué le Congrès annuel, qui aurait eu ainsi une force considérable pour appuyer les réformes préconisées par les Comités.

La faute de s'annihiler dans des questions de détail a été si bien comprise que le Comité des notaires des départements s'efforce, à l'heure actuelle, de créer ces groupements auxquels il veut donner la qualification de Sous-Comités, afin de les diriger non pas dans le sens d'une refonte complète, mais dans celui de réformes partielles qui nous semblent plutôt dangereuses qu'utiles.

« Aide-toi, le Ciel t'aidera », dit le proverbe. Eh bien, nous estimons qu'il appartient à chaque notaire de ne pas se désintéresser des questions générales concernant notre belle et utile profession et de lutter dans la sphère de ses moyens, afin d'arriver à un meilleur état de choses.

Nous n'avons certes pas la prétention d'avoir fait un travail parfait, loin de là ; notre seule ambition a été d'émettre quelques idées pouvant servir l'intérêt général et nous serons suffisamment payés de notre labeur si nos confrères ou toutes autres personnes veulent bien, en nous en démontrant la fausseté, indiquer quelles mesures ils entendent préconiser.

Il s'établirait ainsi dans le monde notarial une discussion générale d'où sortiraient des idées justes qui pourraient être mises en pratique par les Pouvoirs Publics.

C'est ce que nous désirons, et avouons-le, c'est le but bien modeste de cette étude.

TABLE DES MATIÈRES

Thouars, Imprimerie Nouvelle.

www.ingramcontent.com/pod-product-compliance
Ingram Content Group UK Ltd.
Pitfield, Milton Keynes, MK11 3LW, UK
UKHW020916180726
13838UKWH00002B/577

9 782019 982485